La maison
Etxea

Dictionnaire d'images bilingue pour enfants

Français-Basque

Richard Carlson

Copyright 2021 Richard Carlson
illustrations © copyright 2004-2014 Nova
Development and its licensors

The author would like to thank the translators for their contribution.

La porte

atea

La fenêtre
Leihoa

Le canapé

sofa

La table basse
mahaia

Le tapis

alfonbra

Le salon

egongela

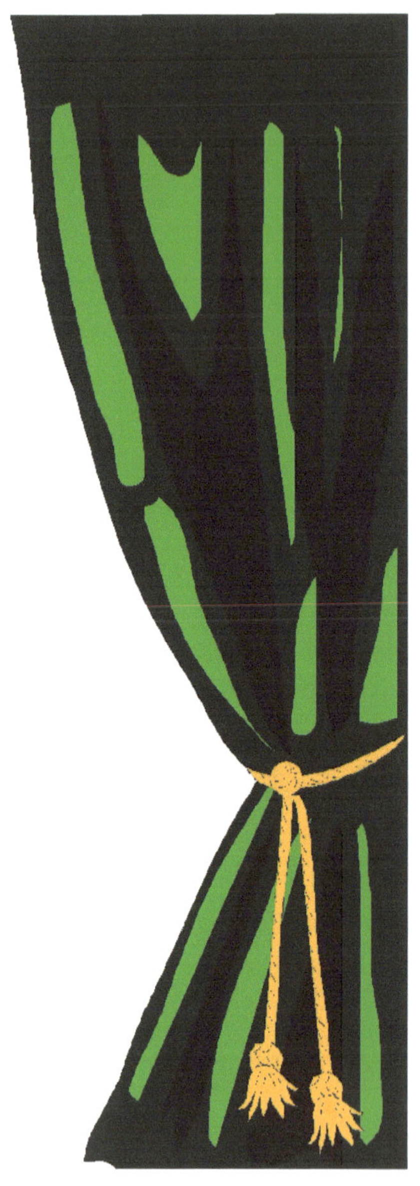

Le rideau
gortina

La pendule
erlojua

Le tableau
margolana

Le fauteuil

aulkia

La lampe

lanpara

Les placards

armairuak

Les fleurs

loreak

La chaise
aulkia

La table

mahaia

La salle à manger
jantokia

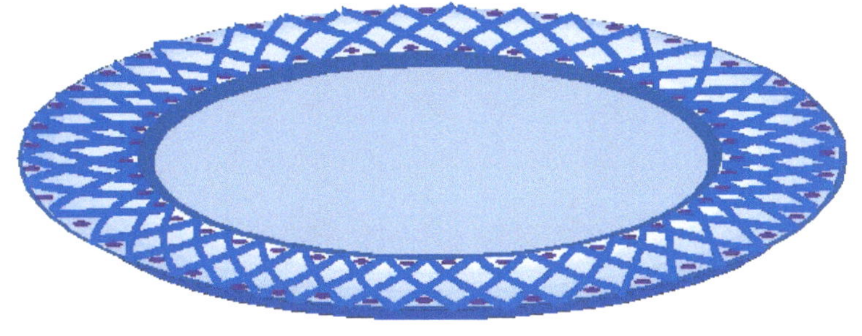

L'assiette
plater

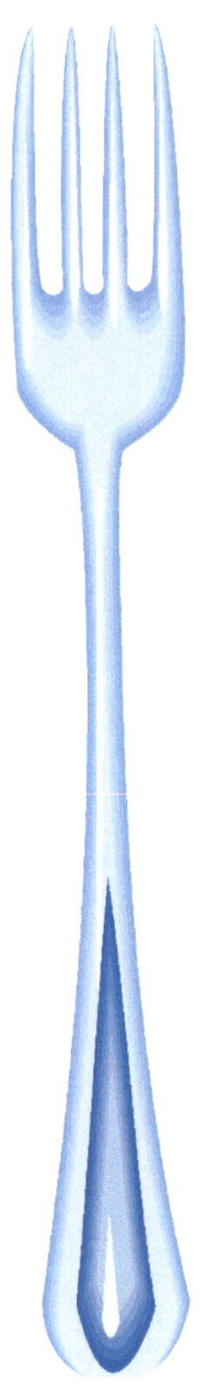

La fourchette
sardexka

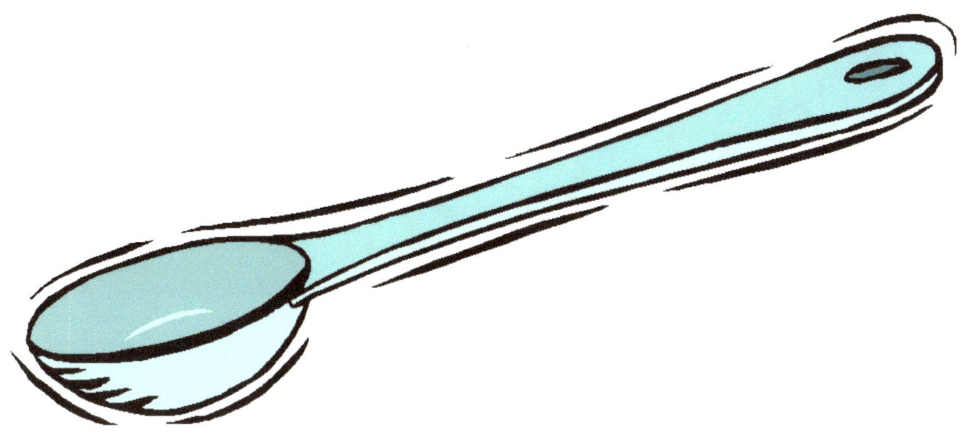

La cuillère

goilara

Le couteau
labana

Le verre
edalontzia

La tasse
katilua

La cuisine
sukaldea

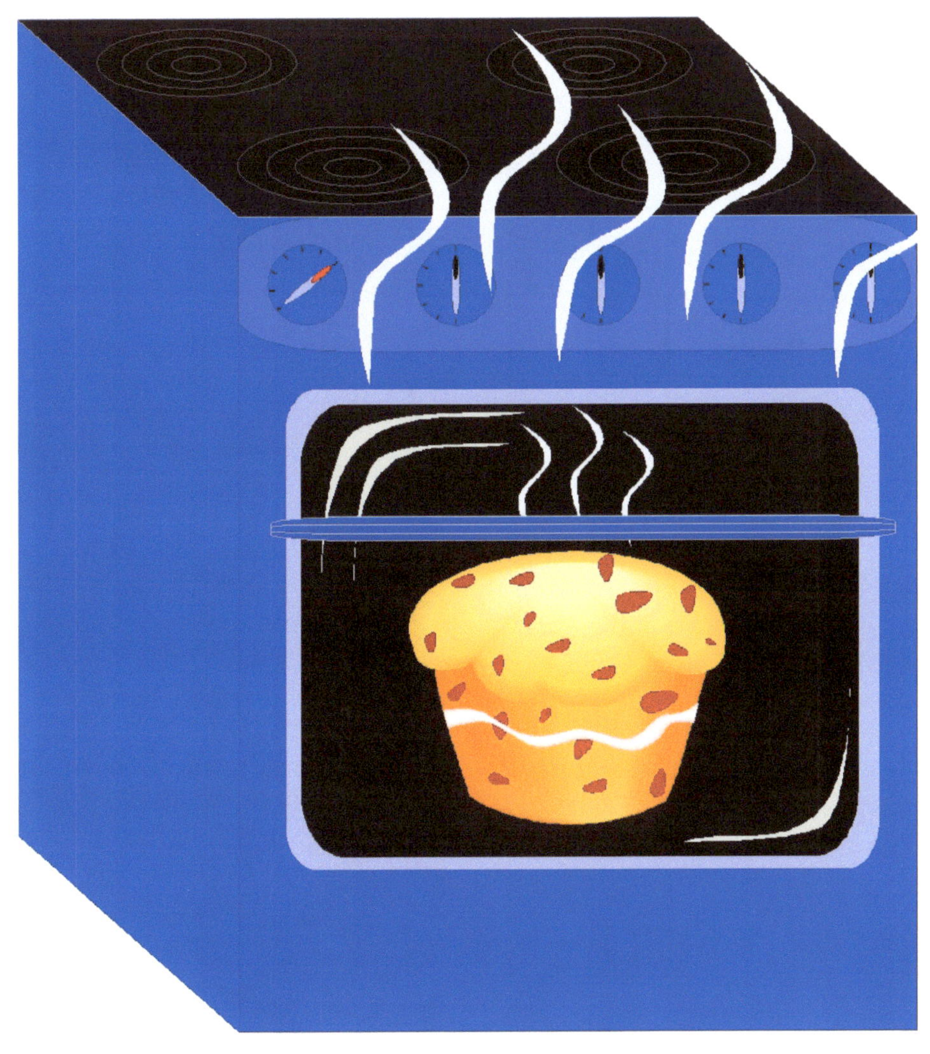

Le four
sukaldea

Le réfrigérateur
hozkailua

L'évier
harraska

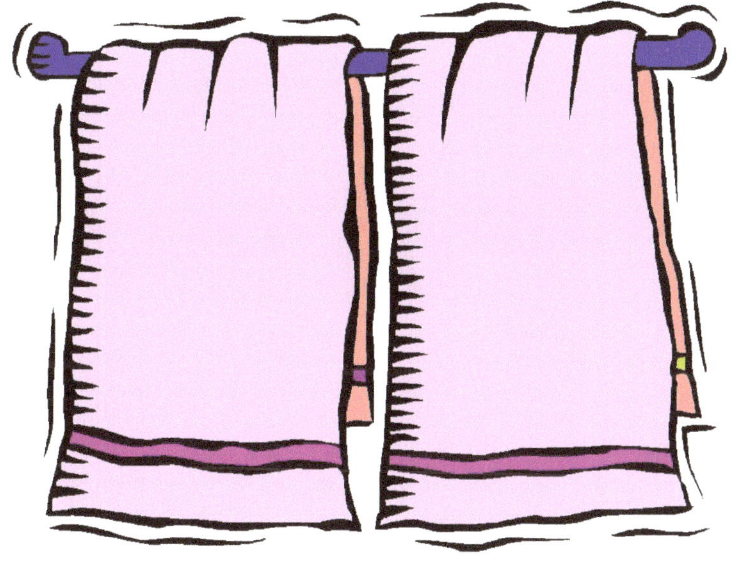

La serviette
eskuoihala

La baignoire
bainuontzia

La douche
dutxa

La bibliothèque
apalategia

Le lit

ohea

La commode
janzteko gela

La chambre
logela

Le placard

armairua

Le berceau
sehaska

La radio
irratia

Le four à micro-ondes
mikrouhin labea

La poubelle

zakarrontzia

Apprenez des choses dans un dictionnaire d'images illustrant la maison.

À propos de l'auteur : Richard Carlson est auteur de livres bilingues pour enfants.
www.richardcarlson.com

www.ingramcontent.com/pod-product-compliance
Lightning Source LLC
Chambersburg PA
CBHW042059110726
48006CB00002B/455